VUES D'AVENIR

QU'AVAIT ÉMISES DE BONNE HEURE

LA LORRAINE

SUR L'ORIENTALISME

ET NOTAMMENT SUR L'UTILE

INFLUENCE DU SANSCRIT.

DISCOURS DE RÉCEPTION DE M. LEUPOL

A L'ACADÉMIE DE STANISLAS,

dans la séance publique annuelle du 24 mai 1862,

ET

RÉPONSE DU PRÉSIDENT.

NANCY,

Vᵉ RAYBOIS, IMPRIMEUR DE L'ACADÉMIE DE STANISLAS.

1867.

Nancy, imprimerie de v^e Raybois, rue du faubourg Stanislas, 3.

VUES D'AVENIR

QU'AVAIT ÉMISES DE BONNE HEURE

LA LORRAINE

SUR L'ORIENTALISME

ET NOTAMMENT SUR L'UTILE

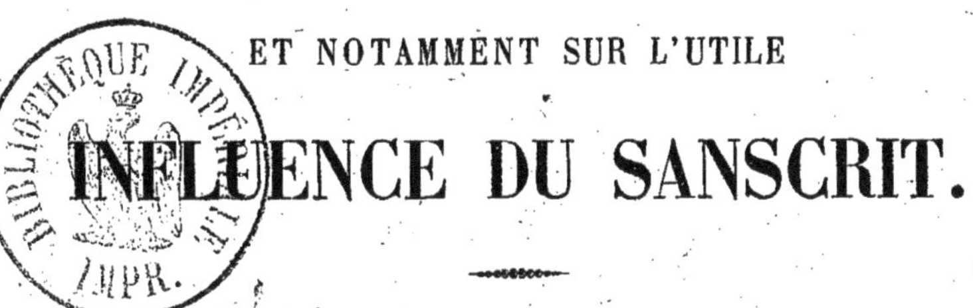

INFLUENCE DU SANSCRIT.

DISCOURS DE RÉCEPTION DE M. LEUPOL

A L'ACADÉMIE DE STANISLAS,

dans la séance publique annuelle du 24 mai 1862,

ET

RÉPONSE DU PRÉSIDENT.

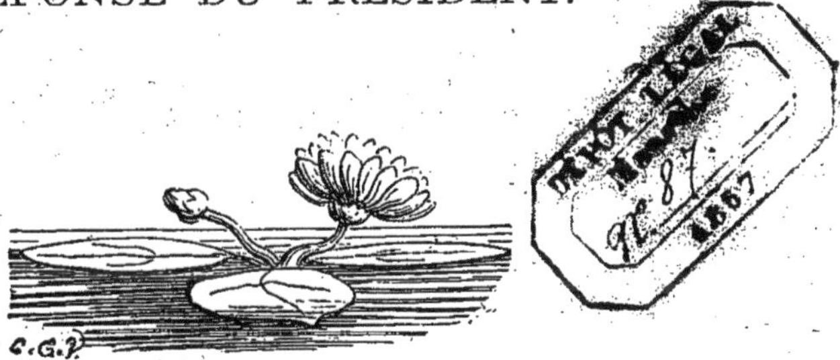

NANCY,

Ve RAYBOIS, IMPRIMEUR DE L'ACADÉMIE DE STANISLAS.

—

1867.

AVERTISSEMENT.

Au moment où, se faisant l'interprète d'une pensée neuve et féconde, qui, depuis des années, mûrissait lentement, mais qui n'avait pas encore reçu en France (du moins sous forme visible) la sanction officielle, — le chef suprême du Corps enseignant vient enfin, — non certes sans gloire pour lui, — de donner avec plein éclat, et dans des circonstances aussi solennelles que possible (*), la marque non douteuse de cette adhésion gouvernementale, PAR CONSÉQUENT LE SIGNAL DU PROGRÈS (**);

Lorsque, les yeux des plus timorés venant à se dessil-

(*) Dans la grande séance de clôture du congrès des Sociétés savantes, en Sorbonne, le 27 avril 1867.

(**) Appel fait de M. Leupol (l'un des deux auteurs des trois ouvrages consacrés à l'introduction du sanscritisme scolaire), pour venir recevoir, des mains du Ministre de l'Instruction publique, l'étoile de l'Honneur, — à la suite de paroles significatives, prononcées par S. Ex. M. Duruy au sujet de ce nouveau genre d'études, — si précieux pour la France, — et du trop petit nombre de travailleurs qui le cultivent.

ler, chacun arrive à comprendre que les doctrines de « l'*Orientalisme rendu classique* (*) » se sont, à la longue, frayé accès jusqu'aux régions autoritaires, et qu'elles sont désormais en position d'attendre, dans notre pays, quelque chose d'analogue aux vigoureux encouragements dont l'asiaticisme est entouré partout en Europe;

Lorsqu'il devient permis d'espérer que la France réclamant enfin sa part du terrein linguistique, — où, depuis un demi-siècle, elle a laissé d'autres peuples établir leur suprématie, — va maintenant travailler à le cultiver avec eux, — et regagnera peut-être son ancienne AVANCE sur les nations qui, en fait de haute philologie, lui cédaient le pas autrefois;

Il n'est pas sans avantages de remettre sous les yeux du public, — toujours si oublieux chez nous, quand surtout il ne s'agit pas de ses intérêts présents et matériels, — un des plus frappants jalons de la route parcourue; c'est à savoir, la manifestation remarquable dont fut témoin, il y a cinq ans, le monde lettré de Nancy.

(*) « L'Orientalisme *rendu classique* dans la mesure de l'*utile* et du *possible*. » — C'est le titre d'un mémoire déjà trois fois édité (1853, 1854, 1857); travail conçu dans les entrailles de l'Académie de Stanislas, et dont personne ne doute plus que la pensée ne soit née bien et dûment *viable*.

Oui; il est bon de revoir aujourd'hui, — pour constater la marche de la Pensée, — quels aperçus se formulaient déjà tout haut, à une époque où régnaient encore, au sujet de l'orientalisme, le doute et le découragement; — et comment, aux applaudissements d'un auditoire nombreux et choisi, se déroulaient, en paix, de consolantes perspectives.

C'était, à la vérité, devant une Académie qui, ayant fait de l'idée du *classicisme oriental* sa propre chose, ne s'est jamais endormie quant à cette question, — et qui, seule de l'Empire, pendant que le silence des maîtres de la Science pouvait presque faire craindre de leur part quelque sommeil..., non-seulement n'a cessé de garder confiance dans l'avenir d'un enseignement asiatique plus large et plus vulgarisé, mais n'a jamais discontinué de PARLER et D'AGIR selon ces robustes croyances, sans s'inquiéter de son isolement; — espérant ainsi *contre l'espérance* (*); comme il convenait à une Jeanne d'Arc intellectuelle, à une vraie fille de la Lorraine (**).

(*) *Contra spem in spem.* — S. PAUL. *Rom.* IV, 18.

(**) Parmi les Compagnies savantes, il y en eut pourtant une, — proclamons-le pour sa gloire, — qui osa se décider formellement (dans la sphère théorique, du moins) en faveur de l'orientalisme *rendu classique*. Il y en eut une, disons-nous, qui, bien que sans prendre part aux labeurs dirigés vers ce but, ne craignit pas d'ap-

Nous réimprimons donc ici le discours de réception qu'a prononcé dès **1862**, dans l'ancien salon royal (*) de l'hôtel de ville de Nancy, l'un des auteurs de la trilogie scolaire sanscrite (**), ainsi que la réponse adressée au récipiendaire par le membre qui présidait alors l'Académie de Stanislas. — Ces deux morceaux, en effet, appartiennent au même ordre d'idées. D'accord sur la valeur des grands phénomènes philologiques que l'on voyait poindre à l'horizon, l'un et l'autre ils signalent le rôle des nouvelles ressources que préparent, à notre Occident vieilli, de nobles et riches études, encore neuves, dont le point de départ gît surtout dans la future scolarité du sanscrit.

---

prouver positivement la croisade qu'entreprenait alors, seule en France, l'Académie de Stanislas, — et même d'en recommander au Gouvernement les doctrines par une délibération expresse. — Mais l'appui dont nous parlons, appui sérieux quoique uniquement moral, c'est dans leur propre circonscription régionale que les philologues de Nancy l'avaient obtenue; car la chose n'a consisté, que dans une adhésion toute lorraine encore, formulée en 1857 par l'Académie impériale de Metz.

(*) Salon monumental, embelli des fresques de Girardet, et destiné par le Roi de Pologne aux séances solennelles de son Académie.

(**) Les trois ouvrages qui la composent, sont, comme on sait : 1° une Grammaire, laquelle a deux éditions (1859 et 1861), un Dictionnaire classique (1865), et un *Selectæ* sanscrit (1866).

VUES D'AVENIR

ÉMISES EN LORRAINE

AU SUJET

DE L'ORIENTALISME ET DU SANSCRIT.

Dans la séance publique du 24 mai 1862, trois candidats, récemment élus par l'Académie de Stanislas, étaient admis à faire devant elle leurs premières armes, comme membres titulaires de cette Compagnie.

M. Renard, professeur à la Faculté des Sciences de Nancy, avait choisi pour thème l'éloge de Coriolis ; de ce célèbre directeur de l'École Polytechnique qui conserva jusqu'à la mort, pour tous les souvenirs lorrains, un attachement passionné.

M. Alexandre, premier avocat général à la Cour, avait traité du caractère propre des lois de l'ancienne *nation* lorraine.

M. Leupol avait pris pour sujet l'influence que pourraient exercer sur la littérature française, si on les cultivait davantage, les études sanscrites.

Or, voici le discours de ce dernier récipiendaire :

MESSIEURS,

Il est écrit dans un charmant ouvrage de l'Inde classique, dans l'Hitopadêça : « L'arbre de l'existence porte deux fruits délicieux, la douce Poésie et la société des Sages. » De ces trésors, les Lettres sanscrites me livrent l'un, et vous daignez me procurer l'autre. C'est du plus intime de mon cœur, veuillez le croire, que je vous adresse l'expression de ma reconnaissance.

Je me rappellerai toujours l'appui que m'a prêté l'éminent professeur dont nous a dépossédés la Sorbonne (*) ; l'honorable collaboration offerte à mes tendances réformatrices par le digne légataire d'un double patrimoine de génie pénétrant et de science communicative (**) ; les sympathies indulgentes qui m'ont ramené dans ces chers sentiers de l'intelligence, d'où m'avaient écarté des blessures que je m'imaginais incurables, et que d'un mot vous avez cicatrisées.

Si je ne puis, par réserve, m'étendre sur le prix que j'attache à vos suffrages, il ne sera pas sans opportunité, ce me semble, que je m'explique sur les jouissances inhérentes à la poésie sanscrite. De cette esquisse sommaire, il résultera, peut-être, que l'étude de la langue brâhmanique exercerait sur notre Littérature la plus salutaire influence.

Le seizième siècle avait si laborieusement préparé l'alliance des Lettres grecques et de leur continuation latine avec l'esprit français, que, sous le règne le plus national de notre ancienne histoire, à l'époque de la grande éloquence et des beaux vers, l'union fut cordiale et féconde : ce qui n'empêcha pas La Fontaine de rester Gaulois ; Molière, d'être de tous les pays et de tous les temps ; Pascal, d'emprunter moins à l'imitation qu'au génie ; Bossuet, de puiser à pleines mains dans la Bible ; et Racine, d'innover avec autant de hardiesse que de bonheur.

(*) M. A. Mézières, professeur de *Littérature étrangère* à la Faculté de Nancy.

(**) M. Emile Burnouf, alors professeur de *Littérature ancienne* à la même Faculté.

Boileau seul demeura strictement fidèle aux Muses classiques. Excepté l'or d'Homère et de Virgile, tout paraissait clinquant au rigide Despréaux, que cette passion, respectable du reste, entraîna dans plus d'une injustice.

Trop préconisé par les uns, trop déprécié par les autres, l'Age suivant essaya de se creuser un lit plus profond ; d'y faire couler des sentiments et des idées plus jeunes. Ou libre penseur ou penseur religieux, il voulut être philosophe; il sortit de Rome et d'Athènes, de Paris et de Versailles, pour connaître l'homme, se rapprocher de la nature, et corriger l'économie sociale. C'était bien ; mais il ne fallait prendre ni les sarcasmes pour des preuves, ni la sensiblerie pour du cœur ; il ne fallait pas non plus, remplaçant le mot par des périphrases et la chose par des utopies, se faire descriptif ou raisonneur avec tant de monotonie... que le moule nouveau s'usa vite, et qu'il ne rendit bientôt plus que des empreintes effacées.

Une réforme était indispensable. Chacun en ressentait le besoin ; et l'on fit une révolution. Ce fut l'œuvre du Romantisme, qui, novateur audacieux, exagéra son rôle, le jouant peut-être avec plus de mise en scène et de présomption que d'études préalables. Il ne s'agissait ni de rompre en visière avec l'hémistiche et la césure, en estropiant le vers sous prétexte de l'assouplir ; ni de se prévaloir d'une excessive et puérile richesse dans les rimes, pour excuser l'abus des enjambements. Rien n'obligeait à rendre la correction du dessin victime de la couleur locale; à substituer aux justes proportions du vrai dans le beau, les excentricités du possible dans le surhumain ou dans la laideur ; à sacrifier la forme au fond ou le fond à la forme : il n'était nécessaire que d'arracher les plantes insipides et chétives qui végétaient autour de l'Hippocrène. On aima mieux insulter aux montagnes saintes, entreprendre avec des muscles de Pygmées une lutte de Titans. — On eut le sort de Prométhée, mais non sa gloire : on n'avait pas ravi le feu du ciel.

En effet, quels ont été les résultats de tous ces ambitieux efforts? Du sein des déserts que l'on a créés, est-il sorti quelque Jérusalem nouvelle? — Je regarde, et je n'aperçois que des ruines. Les Romantiques ont tué les Classiques ; et ceux-ci, dans leur chute, ont écrasé ceux-là. Nous avons, assurément, encore des auteurs : il serait facile d'en citer, et des plus recommandables ; mais nulle École n'est restée debout ; et la Littérature serait morte, si jamais chez nous elle pouvait mourir.

Ne vous apercevez-vous pas, dites-moi, qu'elle n'est plus une puissance incontestablement reconnue? Et pourtant, ce devrait toujours être le premier des pouvoirs : elle est et l'âme du monde, *mens agitans molem,* et l'outil de la perfectibilité de l'homme, *humaniores litteræ.* La laisserons-nous dépérir?

Non, Messieurs. Mais hâtons-nous ! et, quittant les théories factices, cherchons par des routes nouvelles l'inspiration du beau, qui nous échappe.

C'est ce que vous avez déjà fait, au reste, et ce dont je dois ici vous rendre un public hommage. Qui s'attendait à voir une Académie de province prendre place à l'avant-garde, et couvrir de sa force quelques éclaireurs, lancés vers des horizons indéfinis? A vous, Messieurs, revient l'honneur d'une telle initiative; à vous qui, les premiers, avez favorisé les études sanscrites, et, par elles, une découverte ingénieuse que l'on n'a pas encore généralement accueillie.

Cet appareil, qui tient à la fois de la Science et de la Littérature ; ce levier, qui deviendra certainement efficace dès qu'il sera manié par de plus nombreux travailleurs ; cet instrument de précision, c'est la Philologie. Quand, par elle, nous aurons trouvé la filiation des idiômes et les traces authentiques de la civilisation en marche, le sens des symboles et conséquemment la solution de quelques-uns des problèmes que nous ont posés les siécles : alors, Messieurs, parmi les langues classiques nous placerons le sanscrit, cette articulation excellente donnée aux bégaiements enfantins de notre race; cette maîtresse combinaison, dans laquelle on discerne nettement tous les caractères de la perfection : — alphabet rationnel; mécanisme presque mathématique; euphonie scrupuleuse; grammaire simple; richesse inouïe de mots et de style; souplesse étonnante dans les formes du nom et du verbe; racines qui remettent debout, avec toutes ses branches, le tronc âryen, notre arbre généalogique; enfin, littérature originale et puissante, exceptionnelle par sa philosophie, son opulence et sa durée.

Je ne voudrais pas surfaire le sanscrit. Il n'a, je l'avoue, ni le tact et la sobriété de l'esprit français, ni la majesté monumentale du bon sens latin, ni l'exquise mesure et la grâce des contours grecs. L'homme, d'ailleurs, étant partout et toujours l'homme, la langue sacrée de l'Inde ne nous apportera peut-être ni sentiments bien ignorés ni pensées totalement inédites; mais avec quel luxe de coloris et de chaleur, elle versera sur nous ses images et ses parfums!

Puisons hardiment, Messieurs; prenons à pleines mains : la source est presque intarissable. — Et, quand même ce ne serait là qu'illusion, laissons nos illusions courir au devant de la Littérature brâhmanique, comme vers la conquête d'un nouvel organe de la puissance humaine. — Des raisons d'un ordre plus élevé nous y convient, d'ailleurs. Ouvrons chez nous un sanctuaire à l'orientalisme, si nous souhaitons, au point de vue des intérêts de la Religion et de la France, qu'une École nationale, émule et sœur de celles de Rome et d'Athènes, se fonde un jour à Bénarès.

Étudions le sanscrit, ne fût-ce que pour rapprendre, pour

remettre en vigueur, pour *sauver* peut-être, le français. — Car, je le répète, notre Littérature a perdu sa prééminence; et la dépréciation qu'elle souffre, — il faut bien que malgré moi je le dise, — elle la mérite.

Non pas qu'elle soit plus immorale ou plus frivole qu'elle ne le fut à d'autres époques : au contraire. La cause de son discrédit, — je ne juge qu'en artiste, — c'est qu'elle tourne éternellement dans le même cercle. Voyez les sciences! Elles vont à pas de géant. Pourquoi? Parce qu'elles se sont tracé des voies nouvelles. La route est bonne; elles ont cent ans de chemin à faire, avant d'avoir rien à changer dans le programme qui les emporte. — Mais la Littérature!

Identifiés avec deux ou trois époques sacramentelles, ou bien avec deux ou trois aspirations rêveuses, nous demeurons immobiles, — enchaînés par le souvenir, jusque dans la fantaisie; — et nous laissons aller le monde. — Au lieu de l'accompagner du regard, précédons-le dans sa marche. Prenons pour guide la Philologie : elle saura nous tracer un vaste plan d'études, embrassant d'ensemble toutes les langues japhétiques, à partir du sanscrit; de ce dépositaire fidèle des premiers idiômes, et peut-être aussi de bien des secrets.

L'Inde nous attend, avec son doux et mélancolique sourire; elle s'offre d'elle-même à l'exploration de ses chefs-d'œuvre; de son génie, antique et pourtant jeune encore. Les âmes sont si naïves, dans ces régions lumineuses, que l'adolescence des sentiments y demeure éternelle. Le sanscrit n'est pas seulement la voix liturgique de plusieurs centaines de millions d'âmes et l'objet des études classiques, spéciales, supérieures, auxquelles s'adonnent encore aujourd'hui les colléges et les séminaires brahmaniques de la grande Péninsule; c'est aussi, Messieurs, une langue restée presque vivante. Car rien ne meurt, dans cette patrie des métempsycoses; Kalidâsa, Valmiki, Vyasa, y chantent toujours les vers sonores de leurs épopées et de leurs drames, dans ce *parler des dieux* dont l'harmonie ravissait les générations qui se sont transformées depuis trente siècles. L'Inde nous livrera, pur comme son fleuve sacré s'échappant de la tête d'un Immortel, le mystère de sa merveilleuse aptitude aux choses de l'âme et de ses vues sublimes à travers la nature. Elle nous enseignera sa résignation, sa religieuse dignité, son amour de la famille et de la retraite, son dédain raisonné des vicissitudes terrestres, son respect sérieux de tout et de tous. Ah! laissons venir à nous l'Inde âryenne, dont la noble race préludait, à quatre mille ans de distance, au labeur que Dieu fit le nôtre : *Chercher la lumière et la répandre.*

Pour la France, au reste, ce n'est point un pays étranger que l'antique Jambudwipa : — dans les vallées kachmiriennes, notre commerce et nos voyageurs; — dans le Pendjab, un reflet, un écho de notre épopée impériale; — au fond du cimetière de Bombay, le souvenir du regrettable Victor Jacquemont, dont nos jeunes sanscritistes relèveraient la tombe, ensevelie sous les hautes herbes; — à Pondichéry, François Martin, un brave enfant du peuple, qui, vers la fin du dix-septième siècle, convertissait quelques huttes de pêcheurs misérables en une cité de quatre-vingt mille habitants, et créait la métropole des Indes françaises; — à Chandernagor, un homme de génie, Dupleix, qui sacrifiait quatorze millions de sa fortune et mourait pauvre, oublié, calomnié, pour doter sa patrie d'une belle page d'histoire; pour faire d'un chétif comptoir une ville, en ce temps-là si florissante, si souveraine, qu'autant Calcutta l'emporte aujourd'hui sur Chandernagor, autant Chandernagor à cette époque l'emportait sur Calcutta; — partout enfin, d'un bout à l'autre du Bengale, le long des côtes du Carnate et d'Orissa, dans les champs immenses du Nizam et du Bérar, sur les pentes délicieuses des montagnes et sur les rives enchantées des fleuves, la légende populaire de Yohanna-Bégam (Jeanne de Castro), cette illustre femme de l'héroïque Dupleix ; cette ardente créole dont les Hindous ont gardé la mémoire, parce qu'elle connaissait tous les dialectes des contrées où son nom reste impérissable.

Ah! Messieurs, que n'ai-je le temps, et que n'ai-je l'éloquence! Vous conviendriez avec moi qu'en généralisant l'étude on la simplifie et l'abrège. Et, pour nous en tenir aux vieux âges du monde, vous verriez jusques à quelle profondeur nous conduirait le sanscrit! que de choses il nous apprendrait touchant les anciens jours! Car les Romains sont des modernes, et jusqu'à présent notre antiquité classique s'arrête au siècle de Périclès. Le latin, c'est moi ; les Hellènes, ce sont mes frères. Or, je veux aller plus loin, — jusqu'aux populations qui se dispersent, aux tribus qui se réunissent, aux familles patriarcales. — Rome, Athènes, ah! rien ne vous supplantera jamais dans notre admiration, notre amour, notre gratitude; vous avez les premières occupé notre imagination, et jusqu'à la dernière heure vous captiverez notre intelligence; mais êtes-vous le premier et le dernier terme de nos études? N'avons-nous rien à demander au sanscrit? à cette littérature de notre famille naissante, que nous appellerons, si vous voulez, la *Littérature âryenne*, et grâce à laquelle nous irons, à travers les Drames, les Épopées, les Hymnes, conversant avec nos aïeux, ranimant la cendre de nos ancêtres! enveloppant avec une joie triomphale les os de nos pères dans les plis de notre pacifique drapeau!

Cette littérature de philologues sera bien archaïque et bien primordiale : soit! — Mais comme on rétrograde volontiers, lorsqu'on s'en va conquérir, au milieu des décombres d'un temps qui n'est plus, les pierres de l'édifice d'un temps qui n'est pas encore! et que l'on retourne vers sa patrie, sous sa tente, — à son origine, — à Dieu!

Dans ces fortifiantes études, quel sang nouveau s'infuserait la littérature contemporaine ! Comme elle se retremperait, dans ce bain aromatique ! En présence des trésors de l'Inde, je me sens pris d'une ambition exorbitante, contre laquelle me défendent à peine et mon âge déjà mûr et mon impuissance : ce serait, la Grammaire et le Lexique une fois terminés avec leur appendice (2), de grouper autour de moi, — sous l'égide des maîtres qui m'ont conduit et qui me dirigeront toujours, je l'espère, — une phalange d'hommes studieux, riches de loisirs, à l'aide de qui seraient traduites et vulgarisées toutes les œuvres sanscrites, depuis les temps védiques et l'âge des Lois de Manou jusqu'au siècle où nous sommes. (*) Alors, et l'Académie de Stanislas et la cité nancéienne, protectrices des labeurs intelligents, entendraient proclamer au nombre de leurs titres glorieux, le mérite d'avoir décoré la France des dépouilles opimes de l'Asie, en s'efforçant, comme elles l'ont tenté depuis l'an 1821, de faire reconnaître pour *classiques*, par une sanction officielle, dans l'Enseignement supérieur, — et non dans l'Instruction secondaire, qui ne demande pas qu'on charge son programme d'une faveur si haute, — l'Arabe littéraire, cette plante salubre et fleurie que le Moyen âge cultivait avec amour, — et le Sanscrit, le plus consciencieux des interprètes de l'âme.

Si je ne craignais de fatiguer votre patience, Messieurs, je vous citerais quelques passages de ces beaux et bons livres gangétiques, dont chaque feuille est pour l'Europe savante un trophée, obtenu comme sur le champ de bataille on remporte une victoire. Mais, toutes les semaines, du haut d'une chaire accréditée par le concours et l'attention des auditeurs, vous en recueillez de précieuses parcelles (3). N'est-il pas vrai qu'il serait impossible de rencontrer ailleurs des pensées, des sentiments,

(*) Depuis que ces lignes sont écrites, la tâche que nous indiquions, semble (quoiqu'elle dépasse les forces d'un seul homme) être devenue le programme des courageux travaux de M. H. Fauche.

des images, d'une expression plus saisissante? Aussi, que de gerbes auront à moissonner là nos artistes et nos poëtes!

Seulement, il faut, pour que leurs javelles soient bénies, que les poëtes et les artistes remontent à la hauteur de leur origine; qu'ils se rappellent les droits et les devoirs de leur charge; comme le fait entendre une tradition sanscrite, que vous me pardonnerez, Messieurs, d'avoir mise en vers, pour vous la dire à la fin de ce discours.

LES POËTES.

C'est d'une source à part que le poëte émane :
Il n'est ni xatrya, ni soudra, ni brâhmane,
Moins encor banian, pour les gains seuls actif :
Il n'est point de ce monde; et, d'un accent plaintif,
En passant parmi nous, il se souvient.., il chante
Le doux ramentevoir de la patrie absente.
Sans caste sur la terre, il va comme un glaneur,
Ramassant quelque gloire... à défaut de bonheur.

Çiva se mariait. — Parvâtî son épouse,
D'éclat et de plaisir hautainement jalouse,
Remplissait tout le ciel de fêtes et d'encens,
Aspirant les honneurs dont cent dieux moins puissants
Enivraient à l'envi sa beauté souveraine.
Les jeux suivaient les jeux. — Un jour, la jeune reine
S'écria : « Que l'on chante un hymne solennel
A Çiva mon époux, à ce bras éternel
Qui fait et qui détruit, qui renverse et qui fonde;
Qui, d'un coup, tour à tour, ou crée ou tue un monde. »

Vain désir..! L'art des vers, aux célestes esprits,
Était, comme le chant, un mystère incompris.
La Déesse pleura; le ciel n'eut plus de fêtes.

Çiva s'émeut; — il dit : « Que naissent les poëtes ! »

Les voilà nés... Soudain, le cœur tout frémissant,
L'étincelle au regard, des flammes dans le sang,
Ils préludent. L'écho porte de voûte en voûte
Ces voix que l'Infini, tressaillant d'aise, écoute.
Et lorsque le cantique expira dans les cieux,
Tout, pour l'entendre encor, se tint silencieux.

Du haut de son nuage empourpré de lumière,
Parvâtî, se levant, dissipa la première
De ce charme inconnu l'ineffable stupeur;
Tel, Indra, du matin disperse la vapeur.
— « Et maintenant, » dit-elle, à la race inspirée,
Qui, l'auréole au front, éclairait l'empyrée,
« Enfants du ciel, je suis la Vengeance et la Loi,
L'Existence et la Mort !.. Bardes, célébrez-moi !
Chantez! Je suis puissante, inexorable et belle. »

La tribu poétique, osant être rebelle,
Grave et respectueuse en ces mots répondit :
« Nous ne le pouvons pas. — Bouddêça nous a dit,
En nous tirant du sein de son intelligence :
« Que votre cœur soit haut ! Point de molle indulgence !
» Comme l'oiseau dans l'air plonge libre en chantant,
» Volez à la vertu sans faillir un instant ! »

— « Vous n'obéissez point, » s'écria la Déesse !
« Sortez donc de ce ciel, où votre aspect me blesse ;
Oui, tombez sur la terre ; et que la pauvreté
Venge de vos refus ma fière majesté !
Que les hommes, sur vous et vos folles merveilles,
Sur vos vagues labeurs, vos puériles veilles,
Ne versent que mépris et sarcasmes sans fin !

Parasites honteux, vivez, mourez de faim.
Si parfois, admirant votre vide sonore,
Leur caprice enrichit l'un de vous, et l'honore,
Que ce gain éphémère échappe à votre main,
Comme au filet son onde, au jour son lendemain !
Descendez à jamais de chute en décadence ;
Moi, je vous dote aussi : Recevez l'imprudence. »

Tristes, mais s'honorant de leur coupe de fiel,
Les généreux proscrits s'exilèrent du ciel.
Ils vinrent parmi nous abriter leur faiblesse,
Ces poètes, — déchus, de rang, non de noblesse.
— A l'heure du départ, les dieux, quoique indignés,
Des chantres malheureux se tenaient éloignés ;
Ils détournaient la face et pleuraient en silence...
Quand Maya, déité jeune et bonne, s'élance,
Et, de son voile d'or, protégeant les bannis :

« Je les suivrai, » dit-elle ; « ils sont assez punis,
Sans qu'au regret des cieux, où leur place est déserte,
De tous nœuds avec nous on ajoute la perte :
Moi, du moins, abaissant mon sympathique essor.
Je veux planer sur eux, pour les aimer encor ;
Dans le nuage ailé ma douce tromperie,
Lorsqu'ils souffriront trop, leur peindra la patrie ;
Et, ce mobile espoir berçant leur passion,
Je les consolerai : — je suis l'Illusion. »

La tâche des *allocutions responsives*, consacrées par l'usage, envers les nouveaux admis, — incombait au membre qui présidait la séance.

Il répondit d'abord (EN PROSE, ceci va sans dire) au mathématicien, — M. Renard, — et au légiste, — M. Alexandre.

La besogne lui était facile; car, pour leur donner des louanges, — surtout de ces *SOBRES* louanges où doit en pareil cas se tenir soigneusement renfermé, d'après les vieilles traditions du bon goût, tout homme qui devient l'organe d'une Académie, — il n'avait nullement besoin d'amplifier la vérité (*)

Quant au troisième récipiendaire, la méthode à suivre avec lui était plus douteuse. Cet orientaliste, chez qui les travaux ardus de la linguistique sont loin d'avoir éteint l'imagination, semblait, par sa péroraison, amener ses interlocuteurs sur une pente où le dialogue deviendrait non-seulement versifié, mais *poétique*. — Le président,

---

(*) Il suffisait de rappeler, à l'un, ses travaux sur la courbure des surfaces, sur les perturbations des planètes, sur les courants d'induction, etc.; — à l'autre, ses études sur l'hermétisme judiciaire, sur les coutumes du comté de Dabo, etc.; ou bien sa traduction des œuvres du jurisconsulte Mittelmayer, prélude de celle du livre de l'historien Mommsen.

néanmoins, a résisté, comme c'était son devoir, à l'attrait de cette dernière tendance. — S'il ne s'est point refusé à suivre l'orateur sur le terrein de l'idiôme des vers, il a voulu, pour tout ce qui touche à l'exactitude des faits et de leur appréciation, se préserver du charme des *illusions*, fût-ce les plus séduisantes, — et se maintenir dans la région d'un positivisme aussi réel, aussi sévère, que si l'on eût continué de parler le langage non cadencé. Ici donc, les entraînements du rythme n'ont rien ôté à la précision. Elle est restée telle que l'eût exigée, d'un rédacteur de jugements, le style terre à terre de la prose.

Voici la réponse faite à M. Leupol (*) :

I.

Vous, qui d'un jour nouveau nous décrivez l'aurore,
Monsieur, — l'on se souvient du temps où, jeune encore,
Vers la Meurthe appelé par un espoir peu sûr,
Vous vîntes, dans l'ardeur du désir le plus pur,
Pour des récits lorrains dresser une tribune (4).
Là, portant double part de la charge commune,
Vous sûtes, quoique seul et resté sans appui,
Remplir et votre tâche et la tâche d'autrui (5).
Mais à des tours de force il fallait mettre un terme :
Vous le vîtes, Monsieur; et bientôt, d'un œil ferme,
Vous cherchâtes le joug de travaux moins trompeurs.
— Or, cédant, à la longue, à vos humbles labeurs,
Le Sort a déposé sa rigueur ennemie;
Pour vous de Stanislas s'ouvre l'Académie.
Un renom d'honnête homme y précédait vos pas...
Justice QUELQUEFOIS se fait dès ici-bas.

(*) Cette réponse est ici imprimée sous sa forme intégrale et primitive; sans omission de quelques vers que l'on était convenu de *sauter* pour la séance publique.

II.

Quel fortuné hasard vous a mis dans la voie
Où le zèle savant qui chez vous se déploie,
Avec tant d'à-propos a su choisir son but?

III.

Heureux qui dans la vie, à l'âge du début,
Voit de près *au moins un* de ces hommes d'élite
Dont le commerce éclaire et dont l'exemple excite!
Ah! bons et paternels, s'ils ont daigné parfois
Nous donner les conseils d'une éloquente voix,
Soyons-en, non pas fiers, mais touchés... De tels hommes,
Vingt ans après leur mort, nous font ce que nous sommes.

IV.

Ce lot, que le Destin garde à ses favoris,
Il fut votre partage. — Autrefois, dans Paris,
Vous aviez pu saisir, ainsi qu'un chant du cygne,
Monsieur, quelques leçons de Casimir Lavigne (6).
Eh bien, quoique entouré d'honorables succès,
Il vit, — lui, le dernier des classiques français, —
Que l'entier *statu quo* n'était plus défendable;
Qu'à travers la révolte, un besoin véritable
Parlait, — et qu'au milieu de mille absurdités,
Surgissaient des avis par la Raison dictés. —
Au vœu des temps nouveaux il fallait condescendre;
Casimir le sentit. — Mais des chemins à prendre,
Lequel choisir?

Sans doute, à défaut du savoir,
Un instinct vif et sûr le lui fit entrevoir,
Puisque son *Paria*, première tentative,
De l'*Inde* à notre nef osa montrer la rive.

V.

L'Inde..! l'Inde..! A des yeux lassés de leur prison,
Quel tableau !

Disons tout. — D'un si riche horizon,
D'un théâtre si beau, le chantre de Messène
N'avait pas été seul à nous ouvrir la scène.

Avant qu'il ne parlât, une ville, — Nancy, —
En observant les faits, avait compris aussi
Que la tige de l'Art, languissante, énervée,
De sucs puissants et frais voulait être abreuvée.
Et voilà quarante ans qu'ici même, — en des lieux
Où vit de Stanislas le souvenir pieux, —
Des voix, pour vrai moyen de palingénésie,
Aux poëtes futurs montraient la vieille Asie (7).

VI.

Oui, Nancy prit la thèse, et par mille arguments
La soutint. — Selon lui, de forts enseignements
Devaient, tombant du haut de chaires écoutées,
Varier les leçons, désormais mieux goûtées,
En livrant au public, pour lui meubler l'esprit,
Les joyaux de l'arabe et l'or pur du sanscrit (8).

Bientôt à la doctrine on ajouta l'exemple,
Maint profane, amené jusqu'aux portes du temple,
Put apprendre à connaître... ou l'admirable auteur
Qui, nourri d'amour chaste et de vive pudeur,
Nous peint Damayantî, ferme, naïve et pure,
Préférant son époux à toute la nature (9);
Ou ce grand Valmiki, l'honneur des bords indous (10),
Géant de l'épopée, astre sublime et doux,
Qui semble réunir, tendre et puissant génie,
Les chantres de Nisus, d'Achille et d'Herminie (11).

Sur un sol si propice, où vous viviez caché,
Tout vous servait, Monsieur. Quand le temps eut marché,
Vous vous fîtes, sans peur, vélite brahmanique.
Le Ciel plaçait ici, par un bonheur unique,
Pour guider, appuyer votre vol hasardeux,
L'héritier des Burnouf, maître digne encor d'eux (12).
Grâce à vos soins unis, un vœu pris pour chimère
S'exécute: — une simple et commode Grammaire
De tous côtés déjà s'introduit hardiment;
Le Lexique bientôt suivra le Rudiment (13).
— Ainsi, ce qu'attendait presque sans espérance
L'écolier, — ce qu'en vain sollicitait la France, —
Deux hommes l'auront fait... Au public étonné,
A défaut de Paris, Nancy l'aura donné.

VIII.

Point de crainte..! Un réveil pour les bonnes études
Ne peut sur ses effets laisser d'incertitudes.
Quand l'eau d'un tel canal, aux vergers desséchés
Aura porté ses flots, avec calme épanchés,

On verra maint rameau reverdir.., et la sève
Nous créer de ces fruits qu'un chaud soleil achève.
Notre littérature, alors, montrant vigueur,
Offrira, pour charmer intelligence et cœur,
Non point ce romantisme, audace irréfléchie,
Œuvre de soubresauts, d'orgueil et d'anarchie;
Mais le règne d'un ORDRE, à la fois large et neuf,
Espoir des bons esprits, noble *quatre-vingt-neuf.*

IX.

Ah! si l'Inde, jamais, nous rend pareil service,
Il faudra qu'on ajoute un *comble* à l'édifice.

Oui, dût par ses bienfaits justifiant ses droits,
La Mère du savoir et la Fille des rois (14),
En seize jets vitaux, ressource *domestique,*
Avoir fait ruisseler la veine asiatique (15) :
Il reste (ainsi le sent qui porte en haut les yeux)
A fonder un gymnase... au loin, — sous d'autres cieux.
— Déjà bien des savants se demandent QUAND EST-CE
Qu'admise aux bords du Gange en pacifique hôtesse
La France y plantera son studieux drapeau.
— Sa tâche est de veiller près des sources du beau;
Son vrai rôle est d'avoir, — sentinelle avancée, —
Aux trois lieux où jadis les rois de la pensée
Ont sous forme *classique* énoncé leurs arrêts..,
Ses trois écoles : ROME, ATHÈNE et BÉNARÈS (16).

X.

Marchons ! — De l'avenir les pages se déroulent ;
De l'antique Orient les empires s'écroulent.
Tout périt, tout renaît ; — jamais ébranlements
Ne furent plus féconds en renouvellements.
— Avant qu'au monde éteint un autre ne succède,
Hâtons-nous.., et sauvons de l'oubli sans remède
Les traces d'un passé qui fut sublime et fier.

Restes majestueux, — si mal connus hier, —
Istakhar, Ellora, Babylone, Ayodie,
Ninive..! il est bien temps que l'on vous étudie,
Car c'en est fait ; voici qu'on vient vous effacer :
Le Progrès. — Vos splendeurs, il va les remplacer.

XI.

Les messages fuyants transmis par la colombe,
C'est un foudre muet, puissant comme la trombe,
Qui les porte, — qui fait, pour des amis absents,
De Londre à Calcutta voler trois mots pressants. —
Le Soleil, par sa touche aussi prompte que vraie,
Depuis qu'il s'est fait peintre, étonne, charme, effraie.
La Science, en boisson change les flots amers ;
Le plongeur, abrité, travaille au fond des mers ;
La navette, l'aiguille, actives dans leur tâche,
A la modeste vierge accordent du relâche ;
L'hélice fend les eaux ; le niveleur savant,
Ouvrier d'union, partout pousse en avant

Sa pointe, et, pour le char de nouveaux Salmonées,
Perce de son foret Alpes et Pyrénées.
— Entendez-vous, Messieurs, la voix du Genre humain?
Il veut que par l'Egypte on lui creuse un chemin..;
Et, comme un serviteur qui reconnaît son maître,
L'isthme des Pharaons s'apprête à disparaître.

XII.

Certes, sur l'univers, nous ignorons *comment*
Agira dès l'abord un tel rapprochement ;
Quel effet va produire, en vingt et vingt royaumes,
La rencontre des lois, des mœurs, des idiômes.
Mais tout vers l'*unité* gravite... Le Hasard
Suit des règles, Messieurs, qu'on aperçoit plus tard,

Oh, dans nos propres mers, quand les peuples en foule,
Débouchant par Suez comme un torrent qui roule,
Viendront chercher Paris et ses vives clartés ;
Quand chacun les verra, — de leur route écartés
Pour payer un hommage aussi grave que libre, —
Visiter en passant la majesté du Tibre,
Le renom d'une ville où s'est assis deux fois
Un pouvoir éminent, salué par les rois ;
Où d'augustes vieillards, portraits du Divin Maître,
Dans leur sainte faiblesse, en paix tiendront peut-être,
Affranchis des douleurs d'un règne contesté,
L'empire incorporel, sceptre d'immensité ;
— Qui sait..? peut-être aussi, le choix d'*un seul langage*
Semblera d'alliance être le dernier gage.

XIII.

Eh bien, si le discours, — miroir des actions, —
Doit, sur la fin des temps, unir les nations ;..
— Alors, fasse le Ciel... que la voix qui leur plaise
Soit la nôtre ! — et qu'un jour, notre langue française,
— Enrichie, — assouplie, — et sachant toutefois
De Racine et Pascal garder les nobles lois ; —
Fine, claire, expressive, éloquente.., bénie..,
— Instrument du bon sens autant que du génie, —
Sur des rayons de fer emportée en tout lieu,
Soit la langue de l'homme et la langue de Dieu (17) !

NOTES.

(1) S'échappant de la tête d'un Immortel (P. 15).

Ou, pour mieux dire, de sa chevelure; car ceci fait allusion à la légende de l'écoulement primitif des eaux du Gange, s'échappant d'entre les cheveux de Çiva, lorsque, finalement accordée aux longues prières et aux longues austérités du roi Baghirata, l'onde purificatrice tomba du haut des cieux, sur l'énorme crâne du dieu, seul capable d'en soutenir la chute. On sait comment cette fable grandiose, traitée par un maître (Valmiki), a donné lieu, dans la Râmaïde, à l'épisode célèbre nommé la Descente du Gange *.

(2) La Grammaire et le Lexique une fois terminés avec leur appendice (P. 17).

Ce que M. Leupol entendait par « leur appendice », c'était le *Selectæ* sanscrit, qui n'existait encore, alors, qu'en projet. L'ouvrage s'est promptement réalisé, puisque son apparition a pu avoir lieu quatre ans après, et terminer ainsi, dès 1866, cette *trilogie scolaire* qui, désormais, place aux mains du public les moyens complets d'étudier la dernière (ou la première) des trois langues classiques.

(3) Vous en recueillez de précieuses parcelles (P. 18).

Ceci avait trait au cours que faisait alors à Nancy M. Emile Burnouf, dans sa chaire de littérature ancienne; cours qui en 1862, avait pour sujet les Védas.

---

* La Descente du Gange se trouve insérée, en original, dans le *Selectæ* sanscrit, dont elle forme le vingt-et-unième morceau.

(4) Pour des récits lorrains dresser une tribune (P. 22).

La *Lorraine*, journal historique et littéraire (antiquités, chroniques, légendes, etc.). Il en parut trois volumes : 1839 et 1840.

(5) Remplir et votre tâche et la tâche d'autrui (P. 22).

M. Leupol eut l'honorable bonheur de pouvoir remplir en leur entier les engagements, soit commerciaux, soit littéraires, que se trouvait avoir contractés une association dont il avait fait partie.

(6) Quelques leçons de Casimir Lavigne (P. 23).

Rédigé en 1794, à une époque où la particule *de* était ou supprimée, ou, plus souvent (et par tolérance), réunie au corps du mot, — l'acte de naissance de Casimir *Lavigne* (ou *de Lavigne*) dut nécessairement porter écrit « Casimir *Delavigne*. » Mais les fastes de la gloire s'accordent rarement avec les registres des plumitifs ; et l'on aurait beau vouloir faire écrire « Jean *Delafontaine* » pour « Jean *de Lafontaine* », ou bien exiger que devant les tribunaux, « Alphonse *de Lamartine* » s'orthographiât niaisement « Alphonse *Délamartine* » : tout cela n'empêcherait jamais le bon sens public d'immortaliser sous forme simple *Lafontaine* et *Lamartine.* » Il est donc ridicule de vouloir nous forcer à dire « les Œuvres *de Delavigne* ». Est-ce que l'oreille peut supporter deux fois de suite la syllabe *de?* — Que les idolâtres de l'ÉTAT-CIVIL prononcent *de-de* si cela leur plaît; nous ne leur envierons point leur « dada ».

D'ailleurs, pour l'auteur des *Messéniennes*, — dès ses glorieux débuts, et avant même que sa célébrité fût complète.., le *de* avait déjà disparu, — et cela aussi bien sous la forme séparée que sous la forme réunie. — Non-seulement quand nous nous pressions à ses *Vêpres Siciliennes* (1819), mais dès l'automne de 1815, quand nous répétions ses vers sur Waterloo ou sur le Musée, le poëte n'était appelé dans tout Paris que « Casimir *Lavigne* ». Durant les cinq premières années de sa popularité poétique, nous n'avons entendu PERSONNE, absolument personne, lui donner un autre nom.

(7) Aux poëtes futurs montraient la vieille Asie (P. 24).

Allusion au mémoire qui fut lu au sein de l'Académie de Stanislas dès le

8 mars 1821, sur le rôle que destinait aux langues de l'Orient un prochain renouvellement des conditions du classicisme français.

(8) Les *joyaux* de l'arabe et l'*or pur* du sanscrit (P. 24).

Expression symbolique de la différence qui existe entre les richesses d'une splendide littérature sémitique, — brillante, mais non exempte de clinquant, — avec celles d'une littérature âryenne régulière, — soumise aux règles sinon *de notre* goût, au moins *du* goût.

(9) Préférant son époux à toute la nature (P. 25).

Damayantî, qui, par un choix empreint de la plus délicieuse modestie, avait accordé sa main au simple prince Nalas, quoique parmi les prétendants, concurrents de ce dernier, se trouvassent des Immortels, — Damayantî, est, comme la vertueuse Sitâ, l'un des types de ces chastes héroïnes qu'avait conçues l'Inde antique, et que chantaient les poëtes sanscrits dès une époque où d'autres littératures ne songeaient guère encore à se créer de pareilles idéalités.

L'épisode de Nalas (ou Nala) a été traduit, à Nancy, par M. Burnouf. — Il fait partie, comme on sait, de la Bhâratide (*); de cet immense poëme, épique ou plutôt cyclique, qui renferme d'innombrables choses, dont plusieurs sont admirables. Or, cet ouvrage colossal est attribué à Vyâsa.

Vyâsa, qui semble une épithète (signifiant collecteur ou compilateur) n'est-il que la personnification d'un groupe d'anciens rhapsodes? ou en a-t-il été le chef réel..? Peu importe. Son nom restera toujours attaché à la gigantesque Bhâratide.

(10) Ou ce grand Valmiki, l'honneur des bords indous (*).

Il n'en est pas de Valmiki comme de Vyâsa : son existence individuelle est infiniment plus certaine. Outre qu'il est beaucoup moins difficile d'avoir

---

(*) En sanscrit, le *Mahâ-Bhârata*. — Un homme s'est trouvé (M. Hipp. Fauche) qui n'a pas reculé devant l'idée d'en faire passer dans la langue française les deux cent mille vers. Et peut-être, pourvu qu'il vive assez longtemps, parviendra-t-il à conduire à fin sa prodigieuse entreprise.

(*) P. 25 du texte.

écrit vingt-cinq mille vers que deux cent mille, la Râmaïde porte bien plus aussi le cachet d'une puissante personnalité. — A part, en effet, certaines pages, qui ne sont pas à la hauteur du reste, et dans lesquelles, d'après leur peu d'accord avec l'ensemble, il y a tout lieu de voir des additions ou des intercalations, — ce sublime poëme manifeste, par sa marche régulière, l'imposante loi d'*unité* qui caractérise les véritables ÉPOPÉES, et qui les sépare d'avec les poëmes héroïques simplement *cycliques*.

On sait que Nancy, avant toutes les villes de l'Empire, — avant Paris même, — a fourni à la France studieuse un échantillon de la Râmaïde, triplement publié (en texte original, en vers latins et en vers français), dans les conditions dites *universitaires* ou *classiques* (*).

(11) Les chantres de Nisus, d'Achille et d'Herminie (**).

Ceci ne veut pas dire que Valmiki soit, à lui seul, l'équivalent de Virgile, d'Homère et du Tasse. Loin de nous des exagérations pareilles..! d'autant que cet homme de génie n'a même pas pu échapper au défaut général de la littérature indoue, — à la surabondance. — Il se livre à ces développements, trop longs pour nous, qui fatiguent souvent le lecteur européen, bien qu'ils aient une *raison d'être* (car ils correspondent là, sur le terrein de l'Art, à la prodigieuse luxuriance dont la Nature fait preuve dans ses productions sur le sol de l'Inde). — Ce que notre vers signifie, c'est que le grand épique sanscrit réunit certaines beautés qui ne se retrouvent que séparément chez l'un ou l'autre des poëtes dont nous parlons. Or ceci est très-vrai; encore ne comptons-nous pas celles dont nul des trois ne présente exactement l'image.

(12) L'héritier des Burnouf, maître digne encor d'eux (***).

M. Emile Burnouf, dont nous avons eu occasion de parler à propos de l'épisode de Nalas (ou Nala), — et l'un des deux auteurs de la trilogie sanscrite conçue et réalisée en Lorraine; — est neveu de l'helléniste de ce nom, et cousin (quoique fort *junior*) du grand sanscritiste Eugène Burnouf.

Professeur alors à la Faculté des Lettres de Nancy, il vient, comme on

---

(*) *Yadjnadatta-Badha* (la mort de Yazuadate), morceau faisant partie de l'ouvrage intitulé *Fleurs de l'Inde*; Nancy, 1857.

(**) Page 25 du texte.

(***) Même page.

sait, d'être nommé directeur de l'Ecole nationale que nous possédons sur le sol de la Grèce. Appelé ainsi dans l'Athènes véritable, dans la glorieuse Athènes hellénique, il va quitter pour elle une ancienne capitale bien modeste, mais demeurée intelligente et toujours créatrice; la ville encore polie, encore lettrée, que maints voyageurs bienveillants ont saluée du nom d'Athènes française.

(13) Le Lexique bientôt suivra le Rudiment (P. 25).

L'heureuse révolution commencée par la *Grammaire* sanscrite de MM. Burnouf et Leupol (1859 et 1861), allait être corroborée par leur *Dictionnaire sanscrit français* (lequel fut effectivement imprimé en 1864-65), et se trouve actuellement complétée par le *Selectæ* sanscrit (1866), où les morceaux indous sont accompagnés de leur analyse « *rudimentale.* »

(14) La Mère du savoir et la Fille des rois (P. 26).

On comprend que ceci désigne l'Université de France. Celle de Paris s'est longtemps qualifiée « fille du Roi. »

Du reste, pareil usage existait ailleurs. Ainsi, l'Université de Lorraine recevait, des Souverains de son pays, le même titre (*), et le prenait à leur égard (**).

(15) En seize jets vitaux, ressource domestique (P. 26).

Il s'agit des chaires demandées (de sanscrit d'abord, puis aussi d'arabe coranesque), dont nous avons parlé, et qui, placées dans les seize Facultés des Lettres, permettraient enfin à la France de trouver chez elle, au centre de chacune des seize *provinces* universitaires, c'est-à-dire des seize rectorats, les ressources qu'elle est réduite, hormis dans Paris, à s'en aller chercher à l'Etranger.

---

* Ordonnances du duc Charles III du 20 et 28 juillet 1580, du 27 mars 1582, et du 23 décembre 1596; idem de Charles IV du 13 février 1629, etc. (Dans la collection Rogéville, article *Université*).

** Requêtes du 9 novembre 1627, du 1er septembre 1630, etc. (*Ibidem*). « L'Université, *fille* de Votre Altesse, etc. »

(16) Ses trois écoles : Rome, Athène et Bénarès. (P. 26).

L'unanime adhésion qui fut accordée à la pensée dont ce passage est l'expression, — les électriques applaudissements qu'il provoqua, — sont de nature à éveiller l'attention des dépositaires du pouvoir impérial; des hommes appelés à présenter au Souverain les mesures propres à devenir les monuments d'un règne. — Parmi les nécessités avec lesquelles la France est tenue de compter, il y a l'ensemble imposant de ses nobles fondations intellectuelles et morales; car, c'est dans ce sens là, surtout, que « gloire oblige. »

Et il ne faut pas croire que le beau, le majestueux, soit plus impraticable qu'autre chose. La GRANDEUR d'une conception peut très-bien n'en diminuer ni la JUSTESSE, ni quelquefois même la FACILITÉ.

Aux gardiens officiels supérieurs du grand rôle des Ecoles françaises de Rome et d'Athènes, rien ne paraît s'imposer plus naturellement que la création de celle de Bénarès. On peut dire que l'Europe entière s'attend à leur voir tracer ce troisième côté du triangle.

(17) Soit la langue de l'homme et la langue de Dieu (*).

Ces amples perspectives, qui s'enchaînent les unes aux autres, et dont trop peu de personnes aperçoivent encore la liaison, — il était à propos que la Poésie, armée de sa force propre, les déroulât hardiment en entier; les présentât, une bonne fois, dans leur majestueux ensemble.

Mais à quelle intention?

Ce que le pinceau de l'artiste a cherché là-dedans, serait-ce le futile honneur d'avoir exécuté (ou pour les badauds ou pour les connaisseurs même) une *toile* majeure, — plus ou moins large de composition, plus ou moins ferme de dessin, plus ou moins riche de couleurs?

Enfantillage ! — « Si les choses que nous faisons, » dit le Fabuliste latin, « ne renferment pas d'*utilité*, les avoir faites n'est qu'un sujet de vaine gloire (*) ».

L'*effet* à produire ici, n'était donc pas un effet oculaire, un effet de *Salon*, mais bien celui qui consiste à donner lieu de réfléchir. Peu importerait que le tableau eût parlé aux imaginations, s'il n'avait parlé plus encore à la raison; si les impressions produites n'étaient de nature à faire sentir aux gens combien il est temps enfin de *songer* aux graves questions qui surgissent.

(*) *Nisi utile est quod facimus, stulta est gloria.* (Phèdre).

En face de signes grandioses, dont le moindre début d'apparition suffirait, si nous étions sages, pour nous servir d'avertissement, chacun a quelque chose à faire. De tout ce qui s'annonce, — chacun, selon le genre de sa tâche sociale, est tenu de tirer des conclusions pratiques.

De nouveaux devoirs incombent, aux peuples, comme aux individus.

Quant aux simples observateurs (qui, pour n'être chargés de rien gouverner, n'ont guère moins d'obligations que d'autres), la fonction de sentinelles leur commande d'élever la voix, afin de dissiper le sommeil de la France; de la France, si peu préparée maintenant, d'après la langueur et la faiblesse de ses Hautes Etudes, aux exigences qu'apporte le nouvel état du monde.

Devant ce futur univers, elle ne se met, jusqu'à présent, en mesure, que sous les rapports industriels et commerciaux. Par le côté des agrandissements intellectuels (qui jamais aurait pu pressentir un pareil phénomène?), elle semble *dormir* encore. On dirait qu'elle n'aperçoit qu'à demi combien il faut que sa pensée et son savoir s'étendent.., afin de balancer, par les accroissements d'activité de l'esprit et de l'âme, les inévitables accroissements du règne de la matière.

Les Lorrains, du moins, — pour leur faible part, — l'auront dit, haut et souvent. — Leurs nombreuses pages sont là (*)

Et s'ils insistent encore, à présent même, pour en conseiller vivement la lecture, — ce n'est à coup sûr point qu'ils aient le sot orgueil de se faire déclarer doués d'un coup d'œil plus pénétrant que le coup d'œil d'autrui. C'est simplement parce que l'examen des Mémoires par eux fournis, n'a point cessé d'être *nécessaire*. — Quiconque va vouloir *organiser*, aura besoin de ne point ignorer de telles données, quel que soit le parti qu'on puisse se proposer d'en tirer, — attendu qu'il y a là des renseignements qui ne se rencontrent réunis nulle part ailleurs.

Quand la portion active de l'Europe donne à son Enseignement *supérieur*, et aux chaires qui le distribuent, tant de développements en tout genre, — la France savante, érudite, littéraire, peut-elle se résigner longtemps à une attitude devenue relativement si humble?

Sursùm corda! — Sursùm mentes! — Sursùm et studia!

(*) L'Orientalisme rendu *classique* dans les limites de *l'utile* et du *possible* (1853-54-57). — Sur l'Enseignement *supérieur*, tel qu'il est organisé en France, et sur les *extensions* qu'il réclame (1865). — Etc., etc.

QUELQUES OUVRAGES DE L'ÉCOLE DE NANCY.

P.-G. DE DUMAST.

Un mot sur les langues de l'Orient; 1120-21.

Le *Σάλπισμα πολεμιστήριον*, traduit en français, et précédé d'un **Appel aux Grecs et à l'Europe,** 1821.

Les **Psaumes,** traduits en vers français et mis en regard d'un texte latin littéral, formant commentaire perpétuel. Trois vol. in-8°.

Lettre à J. Mohl sur la langue perse; 1852.

L'**Orientalisme rendu classique**; 1re édit. 1853; 2e édit. 1854; 3e édit. 1857.

Candigna et Capila; 1853.

Extrait des *Courals* **de Tirou-Vallouvar**; 1854.

Vraie prononciation du *ghaïn* **arabe**; 1857.

Fleurs de l'Inde, contenant un épisode de la Ramaïdé, texte et traduction, etc.; 1857.

Les **Alphabets européens** appliqués **au sanscrit,** 1860.

Sur l'**Enseignement supérieur,** tel qu'il est organisé en France, et sur **le genre d'extension** à y donner; 1865.

ÉMILE BURNOUF.

Le **Nala** (lu à l'Académie de Stanislas); 1855.

La **Bhagavad-Gîta,** avec le texte sanscrit, 1861.

Essai sur le Vêda, ou introduction à la connaissance de l'Inde, 1862.

Articles sur l'Inde, dans le grand dictionnaire des lettres et des arts.

L. LEUPOL.

Méditations orientales, poésies, 1860-1863.

Nouvelles méditations orientales, 1863-1866.

TRILOGIE SCOLAIRE SANSCRITE.

Méthode pour étudier la langue sanscrite, par Em. Burnouf et L. Leupol. Seconde édition, 1861.

Dictionnaire classique sanscrit-français, par Em. Burnouf, avec la collaboration de L. Leupol.

Selectæ è sanscriticis scriptoribus paginæ, par L. Leupol, avec la collaboration d'Em. Burnouf.

www.ingramcontent.com/pod-product-compliance
Ingram Content Group UK Ltd.
Pitfield, Milton Keynes, MK11 3LW, UK
UKHW012121240726
13965UKWH00005B/1901